THIS JOURNAL OF MEMORIES BELONGS TO:

This One Line A Day Journal is an easy way to record a quick thought or jot down and save a simple memory. As our lives become ever more busy, this quick and easy journaling technique is a great way to retain special, happy or poignant moments in life.

With much warmth we wish you a wealth of wonderful journaling ahead.

EXAMPLE:

2017 — I am in love with Justin Bieber. We are going to get married even though my husband seems to disagree.

2018 — This has been the longest day ever. First I locked my keys in my car, then was late for work and worst of all my husband ate the last cupcake we had leftover from my birthday. This is unacceptable. There will be consequences. Until next time...

2019 — I became a parent today. 1. It is amazing. 2. What the heck have I done?! 3. The Justin Bieber dream is over.

JANUARY 5

20

20

20

20

20

JANUARY 6

20 _____
_____
_____

20 _____
_____
_____

20 _____
_____
_____

20 _____
_____
_____

20 _____
_____
_____

JANUARY 7

20

20

20

20

20

JANUARY 8

20

20

20

20

20

JANUARY 9

20

20

20

20

20

JANUARY 10

20

20

20

20

20

JANUARY 11

20

20

20

20

20

JANUARY 12

20

20

20

20

20

JANUARY 13

20

20

20

20

20

JANUARY 14

> **2 0**

> **2 0**

> **2 0**

> **2 0**

> **2 0**

JANUARY 15

20

20

20

20

20

JANUARY 16

20

20

20

20

20

JANUARY 17

20

20

20

20

20

JANUARY 18

> 20

> 20

> 20

> 20

> 20

JANUARY 19

20

20

20

20

20

JANUARY 20

2 0 _____
....
....
....

2 0 _____
....
....
....

2 0 _____
....
....
....

2 0 _____
....
....
....

2 0 _____
....
....
....

NATIONAL HUG DAY (your favorite)

JANUARY 21

20

20

20

20

20

JANUARY 22

20

20

20

20

20

JANUARY 23

20

20

20

20

20

※ IT'S NATIONAL PEANUT BUTTER DAY ※

JANUARY 24

20

20

20

20

20

JANUARY 25

20

20

20

20

20

JANUARY 26

20

20

20

20

20

JANUARY 27

20

20

20

20

20

JANUARY 28

20

20

20

20

20

JANUARY 29

20

20

20

20

20

JANUARY 30

20

20

20

20

20

JANUARY 31

20

20

20

20

20

FEBRUARY 1

20

20

20

20

20

FEBRUARY 2

20

20

20

20

20

FEBRUARY 3

20

20

20

20

20

FEBRUARY 4

20

20

20

20

20

FEBRUARY 5

20

20

20

20

20

FEBRUARY 6

20

20

20

20

20

FEBRUARY 7

20

20

20

20

20

FEBRUARY 8

20

20

20

20

20

FEBRUARY 9

20

_____

20

_____

20

_____

20

_____

20

_____

FEBRUARY 10

20

20

20

20

20

FEBRUARY 11

20

20

20

20

20

FEBRUARY 12

20

20

20

20

20

FEBRUARY 13

20

20

20

20

20

Valentine's Day ♡

FEBRUARY 14

20

20

20

20

20

FEBRUARY 15

20

20

20

20

20

FEBRUARY 16

20

20

20

20

20

FEBRUARY 17

20

20

20

20

20

FEBRUARY 18

20

20

20

20

20

FEBRUARY 19

20

20

20

20

20

FEBRUARY 20

20

20

20

20

20

FEBRUARY 21

20

20

20

20

20

FEBRUARY 22

20

20

20

20

20

FEBRUARY 23

20

20

20

20

20

FEBRUARY 24

20

20

20

20

20

FEBRUARY 25

20

20

20

20

20

FEBRUARY 26

20

20

20

20

20

FEBRUARY 27

20

20

20

20

20

FEBRUARY 28

20

20

20

20

20

FEBRUARY 29

20

20

20

20

20

MARCH 1

20

20

20

20

20

MARCH 2

20

20

20

20

20

MARCH 3

20

20

20

20

20

MARCH 4

20

20

20

20

20

MARCH 5

20

20

20

20

20

MARCH 6

20

20

20

20

20

MARCH 7

20

20

20

20

20

MARCH 8

20

20

20

20

20

MARCH 9

20

20

20

20

20

MARCH 10

20

20

20

20

20

HAPPY BDAY, SOPHIZZLE :)

MARCH 11

20

20

20

20

20

MARCH 12

20

20

20

20

20

MARCH 13

20

20

20

20

20

PI DAY (3/14)

MARCH 14

20

20

20

20

20

MARCH 15

20

20

20

20

20

MARCH 16

20

20

20

20

20

MARCH 17

20

20

20

20

20

MARCH 18

20

20

20

20

20

MARCH 19

20

20

20

20

20

MARCH 20

20 ___

20 ___

20 ___

20 ___

20 ___

MARCH 21

20

20

20

20

20

MARCH 22

20

20

20

2 0

20

national puppy day 🖤🖤

MARCH 23

20

20

20

20

20

MARCH 24

20 _____

20 _____

20 _____

20 _____

20 _____

MARCH 25

20

20

20

20

20

MARCH 26

20

20

20

20

20

MARCH 27

20

20

20

20

20

MARCH 28

20

20

20

20

20

MARCH 29

20

20

20

20

20

MARCH 30

20

20

20

20

20

MARCH 31

20 ____

20 ____

20 ____

20 ____

20 ____

April Fool's Day :)

APRIL 1

20

20

20

20

20

APRIL 2

2 0

2 0

2 0

2 0

2 0

APRIL 3

20

20

20

20

20

APRIL 4

20

20

20

20

20

APRIL 5

20

20

20

20

20

national STUDENT–ATHLETE *day*

APRIL 6

20

20

20

20

20

APRIL 7

20

20

20

20

20

APRIL 8

20

20

20

20

20

APRIL 9

20

20

20

20

20

NATIONAL SIBLING DAY

APRIL 10

20

20

20

20

20

APRIL 11

20

20

20

20

20

APRIL 12

20

20

20

20

20

APRIL 13

20

20

20

20

20

APRIL 14

20

20

20

20

20

APRIL 15

20

20

20

20

20

APRIL 16

20

20

20

20

20

APRIL 17

20

20

20

20

20

APRIL 18

20

20

20

20

20

APRIL 19

20

20

20

20

20

APRIL 20

20

20

20

20

20

national tea day

APRIL 21

20

20

20

20

20

earth day 🌎

APRIL 22

20 _____

20 _____

20 _____

20 _____

20 _____

APRIL 23

20

20

20

20

20

APRIL 24

20

20

20

20

20

APRIL 25

20

20

20

20

20

APRIL 26

20

20

20

20

20

APRIL 27

20

20

20

20

20

APRIL 28

20

20

20

20

20

APRIL 29

20

20

20

20

20

APRIL 30

20

20

20

20

20

IT'S NATIONAL COLLEGE DECISION DAY :))

MAY 1

20

20

20

20

20

MAY 2

20

20

20

20

20

MAY 3

20

20

20

20

20

MAY 4

20

20

20

20

20

MAY 5

20

20

20

20

20

MAY 6

20

20

20

20

20

MAY 7

20

20

20

20

20

MAY 8

20

20

20

20

20

MAY 9

20

20

20

20

20

MAY 10

20

20

20

20

20

MAY 11

20

20

20

20

20

MAY 12

20

20

20

20

20

MAY 13

20

20

20

20

20

MAY 14

20

20

20

20

20

national pun day

MAY 15

20 _____

20 _____

20 _____

20 _____

20 _____

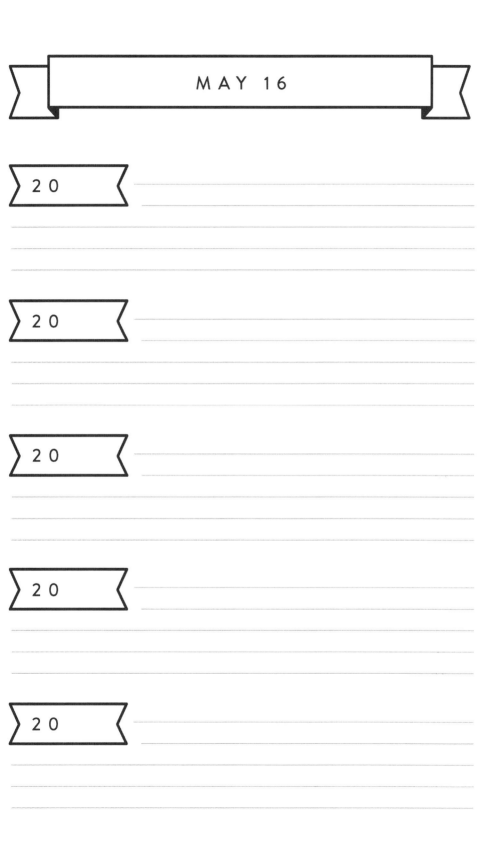

MAY 16

20

20

20

20

20

MAY 17

20

20

20

20

20

MAY 18

20

20

20

20

20

MAY 19

20

20

20

20

20

MAY 20

20

20

20

20

20

MAY 21

20

20

20

20

20

MAY 22

20

20

20

20

20

WORLD TURTLE DAY!!

MAY 23

20

20

20

20

20

MAY 24

20

20

20

20

20

MAY 25

20

20

20

20

20

MAY 26

20

20

20

20

20

MAY 27

20 _____

20 _____

20 _____

20 _____

20 _____

MAY 28

20

20

20

20

20

MAY 29

20

20

20

20

20

MAY 30

20

20

20

20

20

MAY 31

20

20

20

20

20

JUNE 1

20

20

20

20

20

JUNE 2

20 _____

20 _____

20 _____

20 _____

20 _____

JUNE 3

20

20

20

20

20

JUNE 4

20

20

20

20

20

JUNE 5

20

20

20

20

20

JUNE 6

20

20

20

20

20

JUNE 7

20

20

20

20

20

JUNE 8

20

20

20

20

20

JUNE 9

20 _____

20 _____

20 _____

20 _____

20 _____

JUNE 10

20 _____

20 _____

20 _____

20 _____

20 _____

JUNE 11

20

20

20

20

20

JUNE 12

20

20

20

20

20

JUNE 13

20

20

20

20

20

JUNE 14

20 _____

20 _____

20 _____

20 _____

20 _____

JUNE 15

20

20

20

20

20

JUNE 16

20 _____

20 _____

20 _____

20 _____

20 _____

JUNE 17

20

20

20

20

20

JUNE 18

2 0

2 0

2 0

2 0

2 0

JUNE 19

20

20

20

20

20

JUNE 20

20

20

20

20

20

FIRST *official* DAY OF SUMMER ☀

JUNE 21

20 _____

20 _____

20 _____

20 _____

20 _____

JUNE 22

20

20

20

20

20

JUNE 23

20

20

20

20

20

JUNE 24

20 _____

20 _____

20 _____

20 _____

20 _____

JUNE 25

20

20

20

20

20

JUNE 26

20

20

20

20

20

JUNE 27

20

20

20

20

20

JUNE 28

20

20

20

20

20

JUNE 29

20

20

20

20

20

JUNE 30

20

_____

_____

_____

20

_____

_____

_____

20

_____

_____

_____

20

_____

_____

_____

20

_____

_____

_____

JULY 1

20

20

20

20

20

JULY 2

20 _____

20 _____

20 _____

20 _____

20 _____

JULY 3

20

20

20

20

20

happy fourth of July

JULY 4

20

20

20

20

20

JULY 5

20

20

20

20

20

JULY 6

20

20

20

20

20

JULY 7

20

20

20

20

20

JULY 8

20

20

20

20

20

JULY 9

20

20

20

20

20

JULY 10

20 _____

20 _____

20 _____

20 _____

20 _____

JULY 11

20

20

20

20

20

national simplicity day

JULY 12

20 _____

20 _____

20 _____

20 _____

20 _____

JULY 13

20

20

20

20

20

JULY 14

20

20

20

20

20

JULY 15

20

20

20

20

20

JULY 16

20

20

20

20

20

JULY 17

20

20

20

20

20

JULY 18

20 _____

20 _____

20 _____

20 _____

20 _____

JULY 19

20

20

20

20

20

JULY 20

20

20

20

20

20

JULY 21

20 ....

20 ....

20 ....

20 ....

20 ....

JULY 22

20

20

20

20

20

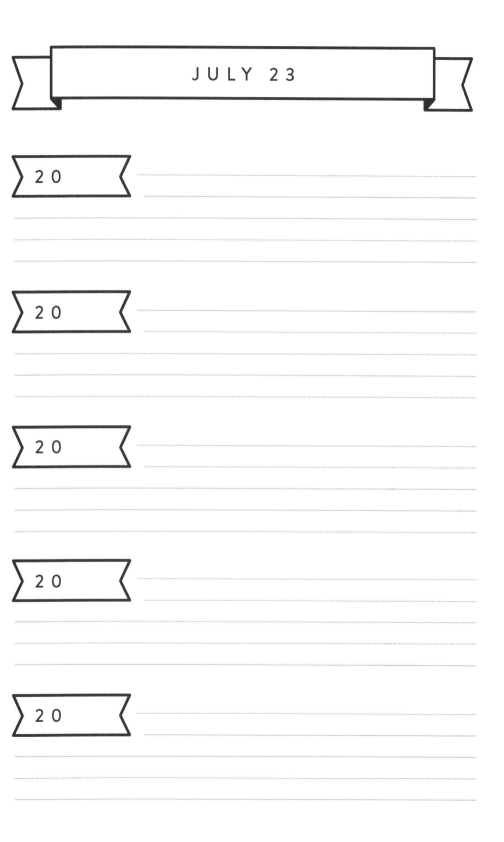

JULY 23

20

20

20

20

20

JULY 24

20

20

20

20

20

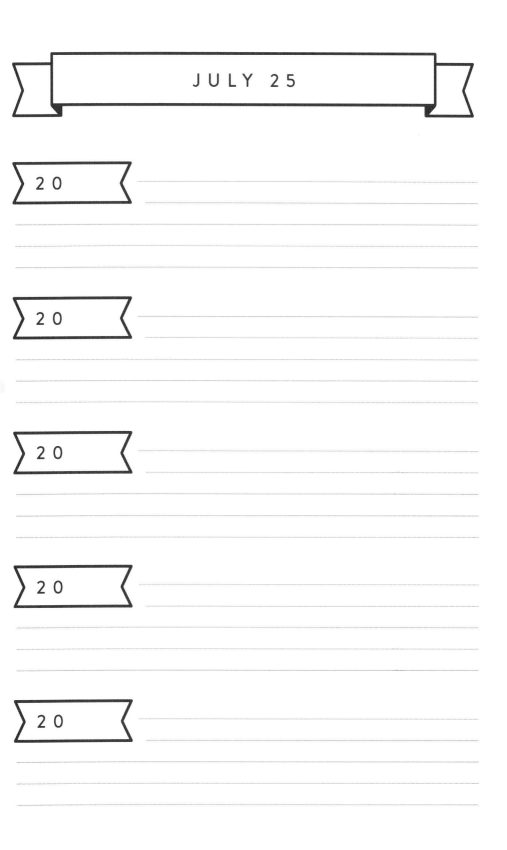

JULY 25

20

20

20

20

20

JULY 26

20 _____

20 _____

20 _____

20 _____

20 _____

JULY 27

20

20

20

20

20

JULY 28

20

20

20

20

20

JULY 29

20

20

20

20

20

JULY 30

20

20

20

20

20

NATIONAL AVOCADO DAY :))

JULY 31

20

20

20

20

20

AUGUST 1

20

20

20

20

20

AUGUST 2

20

20

20

20

20

national watermelon day

AUGUST 3

20 _____

20 _____

20 _____

20 _____

20 _____

AUGUST 4

20

20

20

20

20

AUGUST 5

20

20

20

20

20

AUGUST 6

20

20

20

20

20

AUGUST 7

20

20

20

20

20

AUGUST 8

20

20

20

20

20

AUGUST 9

20

20

20

20

20

AUGUST 10

20

20

20

20

20

AUGUST 11

20

20

20

20

20

AUGUST 12

20

20

20

20

20

AUGUST 13

20

20

20

20

20

AUGUST 14

20

20

20

20

20

AUGUST 15

20

20

20

20

20

AUGUST 16

20

20

20

20

20

AUGUST 17

20

20

20

20

20

AUGUST 18

20

20

20

20

20

AUGUST 19

20

20

20

20

20

AUGUST 20

20

20

20

20

20

AUGUST 21

20

20

20

20

20

AUGUST 22

20

20

20

20

20

AUGUST 23

20

20

20

20

20

AUGUST 24

20

20

20

20

20

AUGUST 25

20

20

20

20

20

AUGUST 26

20

20

20

20

20

AUGUST 27

20

20

20

20

20

AUGUST 28

20

20

20

20

20

AUGUST 29

20

20

20

20

20

AUGUST 30

20

20

20

20

20

AUGUST 31

20

20

20

20

20

SEPTEMBER 1

20

20

20

20

20

SEPTEMBER 2

20

20

20

20

20

SEPTEMBER 3

20

20

20

20

20

happy macadamia nut day

SEPTEMBER 4

20

20

20

20

20

SEPTEMBER 5

20

20

20

20

20

SEPTEMBER 6

20

20

20

20

20

SEPTEMBER 7

20

20

20

20

20

SEPTEMBER 8

20

20

20

20

20

SEPTEMBER 9

20

20

20

20

20

SEPTEMBER 10

20

20

20

20

20

SEPTEMBER 11

20

20

20

20

20

20

20

20

20

20

SEPTEMBER 13

20

20

20

20

20

SEPTEMBER 14

20

20

20

20

20

SEPTEMBER 15

20

20

20

20

20

SEPTEMBER 16

20

20

20

20

20

SEPTEMBER 17

20

20

20

20

20

SEPTEMBER 18

20

20

20

20

20

SEPTEMBER 19

20

20

20

20

20

SEPTEMBER 20

20 _____

20 _____

20 _____

20 _____

20 _____

SEPTEMBER 21

20

20

20

20

20

SEPTEMBER 22

20

20

20

20

20

SEPTEMBER 23

20

20

20

20

20

SEPTEMBER 24

20

20

20

20

20

SEPTEMBER 25

20

20

20

20

20

SEPTEMBER 26

20

20

20

20

20

SEPTEMBER 27

20

20

20

20

20

SEPTEMBER 28

20

20

20

20

20

SEPTEMBER 29

20

20

20

20

20

SEPTEMBER 30

20

20

20

20

20

OCTOBER 1

20

20

20

20

20

national name your car day

OCTOBER 2

20 _____

20 _____

20 _____

20 _____

20 _____

MEAN GIRLS DAY ☺

OCTOBER 3

20

20

20

20

20

OCTOBER 4

20

20

20

20

20

OCTOBER 5

20

20

20

20

20

OCTOBER 6

20 _____

20 _____

20 _____

20 _____

20 _____

OCTOBER 7

20

20

20

20

20

OCTOBER 8

20

20

20

20

20

OCTOBER 9

20

20

20

20

20

OCTOBER 10

20

20

20

20

20

OCTOBER 11

20

20

20

20

20

OCTOBER 12

20

20

20

20

20

OCTOBER 13

20

20

20

20

20

OCTOBER 14

20

20

20

20

20

OCTOBER 15

20

20

20

20

20

OCTOBER 16

20

20

20

20

20

OCTOBER 17

20

20

20

20

20

OCTOBER 18

20

20

20

20

20

OCTOBER 19

20

20

20

20

20

OCTOBER 20

20 ....

20 ....

20 ....

20 ....

20 ....

OCTOBER 21

20

20

20

20

20

OCTOBER 22

20

20

20

20

20

national MOLE day (6.02×10^{23})

OCTOBER 23

20

20

20

20

20

OCTOBER 24

20

20

20

20

20

@ National Art Day @

OCTOBER 25

20

20

20

20

20

OCTOBER 26

20

20

20

20

20

OCTOBER 27

20

20

20

20

20

happy national chocolate day... YUM!!

OCTOBER 28

20 _____

20 _____

20 _____

20 _____

20 _____

OCTOBER 29

20

20

20

20

20

OCTOBER 30

20

20

20

20

20

HAPPY HALLOWEEN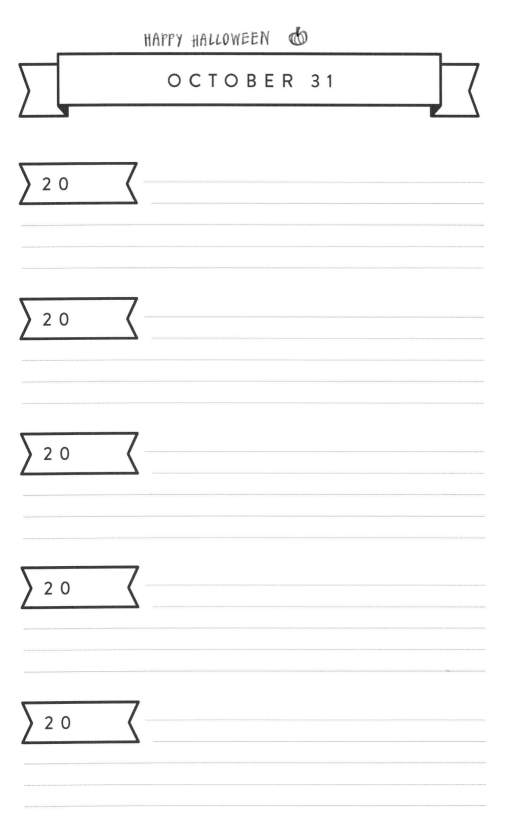

OCTOBER 31

2 0

_____

2 0

_____

2 0

_____

2 0

_____

2 0

_____

NOVEMBER 1

20

20

20

20

20

NOVEMBER 2

20

20

20

20

20

NOVEMBER 3

20

20

20

20

20

NOVEMBER 4

20

20

20

20

20

NOVEMBER 5

20

20

20

20

20

saxophone day

NOVEMBER 6

20

20

20

20

20

NOVEMBER 7

20

20

20

20

20

NOVEMBER 8

20

20

20

20

20

20 _____
_____
_____
_____

20 _____
_____
_____
_____

20 _____
_____
_____
_____

20 _____
_____
_____
_____

20 _____
_____
_____
_____

NOVEMBER 10

20

20

20

20

20

NOVEMBER 11

20

20

20

20

20

NOVEMBER 12

20

20

20

20

20

NOVEMBER 13

20

20

20

20

20

NOVEMBER 14

20

20

20

20

20

NOVEMBER 15

20

20

20

20

20

NOVEMBER 16

20

20

20

20

20

NOVEMBER 17

20 _____

20 _____

20 _____

20 _____

20 _____

NOVEMBER 18

20

20

20

20

20

NOVEMBER 19

20

20

20

20

20

NOVEMBER 20

20

20

20

20

20

NOVEMBER 21

20

20

20

20

20

NOVEMBER 22

20

20

20

20

20

NOVEMBER 23

20

20

20

20

20

NOVEMBER 24

20

20

20

20

20

NOVEMBER 25

20

20

20

20

20

NOVEMBER 26

20

20

20

20

20

NOVEMBER 27

20

20

20

20

20

NOVEMBER 28

20

20

20

20

20

NOVEMBER 29

20

20

20

20

20

NOVEMBER 30

20

20

20

20

20

DECEMBER 1

20 _____

20 _____

20 _____

20 _____

20 _____

DECEMBER 2

20

20

20

20

20

DECEMBER 3

20

20

20

20

20

Christmas countdown: 21 → ALSO, National Sock Day

DECEMBER 4

20

20

20

20

20

DECEMBER 5

20 ....
....
....
....

20 ....
....
....

20 ....
....
....

20 ....
....
....

20 ....
....
....

DECEMBER 6

20

20

20

20

20

DECEMBER 7

20

20

20

20

20

DECEMBER 8

20

20

20

20

20

DECEMBER 9

20 _____

20 _____

20 _____

20 _____

20 _____

DECEMBER 10

20

20

20

20

20

Christmas countdown : 14

DECEMBER 11

20

20

20

20

20

DECEMBER 12

20

20

20

20

20

DECEMBER 13

20 _____

20 _____

20 _____

20 _____

20 _____

Christmas countdown: 11

DECEMBER 14

20

20

20

20

20

DECEMBER 15

20 _____

20 _____

20 _____

20 _____

20 _____

Christmas countdown : 9

DECEMBER 16

20

20

20

20

20

christmas countdown : 8

DECEMBER 17

20

20

20

20

20

Christmas countdown: 7

DECEMBER 18

20

20

20

20

20

Christmas countdown: 6

DECEMBER 19

20 ....

20 ....

20 ....

20 ....

20 ....

christmas countdown: 5

DECEMBER 20

20

20

20

20

20

DECEMBER 21

20

20

20

20

20

Christmas countdown: 3

DECEMBER 22

20

20

20

20

20

DECEMBER 23

20 _____

20 _____

20 _____

20 _____

20 _____

Christmas countdown: 1

DECEMBER 24

2 0

2 0

2 0

2 0

2 0

MERRY CHRISTMAS!!

DECEMBER 25

20

20

20

20

20

DECEMBER 26

20

20

20

20

20

DECEMBER 27

20

20

20

20

20

DECEMBER 28

20

20

20

20

20

DECEMBER 29

20

20

20

20

20

DECEMBER 30

20

20

20

20

20

New Year's Eve

DECEMBER 31

20

20

20

20

20

42330271R00202

Made in the USA
Columbia, SC
16 December 2018